AF277014

Antonio Corral Íñigo

MATERIALES PARA UN NUEVO COMIENZO

Ápeiron Ediciones

2025

Antonio Corral Íñigo

MATERIALES

PARA UN NUEVO COMIENZO

Ensayo

arte-facto

1.ª edición, 2025

C/ Príncipe de Vergara, n.º 132, planta 9
28002 Madrid
Tfno.: (+34) 611 00 28 41
E-mail: info@apeironediciones.com
http://www.apeironediciones.com/

Maquetación, diseño: Ápeiron Ediciones

Papel procedente de fuentes responsables

ISBN: 978-84-129976-4-4
Depósito legal: M-4047-2025

Índice

1. El tiempo presente

Lo que caracteriza a nuestra época, que comienza en el siglo XVIII con el triunfo del pensamiento revolucionario y de las revoluciones, es la exclusión definitiva de Dios y de Jesucristo de la vida social, política y cultural de las sociedades.

(Si es posible su pervivencia en las vidas individuales habrá que verlo.)

De modo que el proyecto humano así forjado elimina a Dios de modo definitivo de todos los ámbitos: en las leyes, las organizaciones, las instituciones, la ciencia, el arte, el pensamiento. El animal humano decide su autodeterminación.

Esto es un suceso único en la historia.

No sabemos si eso es una decisión de las élites que se lo impone a la inmensa mayoría, a la pura masa, o si la masa, por el contrario, es la verdadera responsable y la que guía a sus élites.

Lo que se observa, en fin, es una sociedad en la que la jerarquía de valores anterior ha sido abolida, pero no sustituida por otra distinta, sino, exactamente, por su contraria o inversa.

Este proyecto ateo no ha dejado de crecer, de progresar y de efectuar conquistas que hoy parecen ya como definitivas.

Dios ya no cuenta para nada. Así llevamos casi tres siglos. Mas que una era postcristiana, pues, es una era anticristiana. No es neopagana porque es anticristiana.

En esta orgía de demolición de todo orden previo hay distintas opciones que, a su vez, luchan entre ellas: el materialismo marxista (socialismo, comunismo, populismo, terrorismo) busca un igualitarismo radical sin libertad; el liberalismo (cientificismo, socialdemocracia, dominio de la técnica) quiere mantener las opciones del individuo; la filosofía de origen nietzscheano (anarquismo, feminismo, transhumanismo, animalismo) busca crear un superhombre. En general, como se ve, todos son *istmos*.

Todas comparten el mismo rechazo al cristianismo.

En estos momentos los cuatro pilares en los que se asientan, hasta que los tengan que cambiar por otros, son el materialismo dialéctico e histórico, el psicoanálisis, la teoría de la evolución mediante selección natural y la teoría de Copérnico/Galileo. Mientras que esta última sí es una teoría científica, las otras tres son mera metafísica o pseudociencias. Pero eso no importa porque sirven muy bien al nuevo orden puesto en marcha en el siglo XVIII.

La respuesta dada a este proyecto subversivo como no se ha conocido otro ha sido escaso. Pero no débil.

En el ámbito del cristianismo Kierkegaard es un bastión inexpugnable. En el ámbito del catolicismo, Joseph de Maistre ha hecho una impugnación fieramente contrarrevolucionaria a la totalidad. Como él mismo dice, la contrarrevolución no es la revolución contraria sino lo contrario a la revolución. En el judaísmo hay dos pensadores muy conscientes del eclipse de Dios: Rosenztweig y Buber. Y en la filosofía hay dos pensadoras: Simone Weil y Hanna Arendt cuya indagación en la condición humana las hace claves para alumbrar estos tiempos de suprema oscuridad.

Conscientes de lo que está en juego y con genio, no hay mucho más. La filosofía de Bergson, aunque no se enfrenta directamente a esta sinrazón, está de nuestro lado porque no es ni materialista ni ciega. Todo lo contrario: está abierta al espíritu y a la inteligencia iluminada por la revelación y los misterios.

Para buscar cimientos sólidos hemos de volver siempre a Platón y a Pascal.

¿Este proyecto puede triunfar? ¿Podría no solo eclipsar a Dios sino asesinarlo también? Eso es lo que quiere. Su triunfo sería local y temporal, ni definitivo ni eterno.

Dios va a respetar la libertad de esta jauría de malvados y de resentidos. Él no los va a exterminar. O sea que podrían triunfar en su ámbito de actuación: *esta tierra y este ciclo cósmico.*

A todos los que no queremos participar de este proyecto satánico, porque no somos de este mundo, nos evacuará de este infierno. Y seremos salvos. Basta con que creamos en Jesucristo y se lo pidamos. Eso también escribe Thomas Hobbes en un capítulo del Leviatán.

Nosotros no queremos vivir así, gobernados por la mentira.

2. DECADENCIA O APOSTASÍA

No estamos en una decadencia de las estipuladas por Spengler en su *La decadencia de Occidente* o ante una crisis de las élites al estilo de Toynbee.

Cuando no hay más remedio que descartar lo aparente o lo más probable entonces, aunque resulte inverosímil, lo improbable o, lo a primera vista, imposible es la verdad. Este juicio de Holmes es muy oportuno en este contexto.

Mark Greengrass ha estudiado el fin de la cristiandad entre 1517 y 1648. Efectivamente, después de esa fecha ya no puede hablarse de cristiandad en Europa: empezó una nueva época. ¿Es lícito identificar cristiandad con cristianismo? Kierkegaard, experimentó existencialmente que eso no es posible. Y parece que tenía razón.

¿Pero cómo podríamos caracterizar esa nueva época, en la que todavía estamos, y no sabemos por cuánto tiempo? ¿Cómo postcristiana, no cristiana o, directamente, anticristiana? Anticristiana, en principio, no podemos denominarla porque no se puede identificar, sin más, cristiandad y cristianismo. En todo caso sería anticristiandad.

Veamos, por ejemplo, ciertas formulaciones de Nietzsche en *La voluntad de poder* donde se puede ver cómo el pensador más anticristiano junto con Marx distingue entre Jesucristo, lo cristiano, primer cristianismo, cristianismo, Iglesia…

¿Qué es lo que ha negado Cristo? Todo lo que hoy se llama cristiano.

Lo cristiano es la perfecta indiferencia contra dogmas, culto, sacerdotes, Iglesia, teología.

El ladrón en la cruz: cuando el mismo criminal que recibe una muerte dolorosa, juzga: «Solo este Jesús que, sin protesta, sin rencor, con bondad, resignadamente, sufre y muere es el justo», ha afirmado el Evangelio: y con ello está en el Paraíso...

Jesús dijo: no se debe ofrecer resistencia ni de hecho ni de corazón a los que nos hagan mal. No se debe reconocer ningún motivo para separarse de su mujer. No hay que establecer ninguna diferencia entre forasteros y naturales, extranjeros y compatriotas. No hay que encolerizarse contra nadie, no hay que menospreciar a nadie. Dad limosna en secreto. No hay que querer hacerse rico. No hay que maldecir. No hay que juzgar. Hay que olvidar y perdonar. No orar en público. La «bienaventuranza» no es solo una promesa: existe desde el momento en que se vive y se obra conforme a tales máximas.

Jesús opuso a aquella vida ordinaria una vida real, una vida en la verdad: nada está más lejos de él que la inmensa estupidez de una eterna sucesión personal. Lo que él combate es la conversión de la «persona» en algo importante: ¿cómo puede entonces querer eternizarla?

Combate igualmente la jerarquía dentro de la comunidad: de ninguna forma promete una proporción de salario de acuerdo con el rendimiento: ¡cómo puede haberse referido a premio y castigo en el más allá!

Esto es lo gracioso del asunto, una gracia trágica: Pablo reprodujo, en gran estilo precisamente, lo que Cristo había anulado con su vida. Finalmente, cuando la Iglesia estuvo lista, llegó incluso a tomar bajo su sanción la existencia del Estado.

La Iglesia es exactamente lo contrario de lo que Cristo había predicado y contra lo que había enseñado a luchar a sus discípulos.

La vida ejemplar consiste en el amor y la humildad; en la plenitud de corazón que no excluye ni a los más insignificantes; en la renuncia formal al querer-tener-la razón, a la defensa, a la victoria en sentido de triunfo personal; en la creencia en la bienaventuranza aquí en la tierra, a pesar de la miseria, los antagonismos y la muerte; en la mansedumbre en la ausencia de ira, de soberbia; en no querer ser recompensado. Ni ligarse a nadie; en el más espiritual abandono del señorío; en el orgullo de una vida voluntariamente vivida para los pobres y los servidores.

Después de que la Iglesia se había dejado arrebatar toda la praxis cristiana y hubo sancionado la vida dentro del Estado, aquella clase de vida que Jesús había combatido y condenado, tuvo que depositar el sentido del cristianismo en otra parte; en la creencia en cosas increíbles, en el ceremonial de rezos, veneraciones, fiestas, etcétera. El concepto «pecado», «perdón», «castigo», «recompensa» — todo poco importante y casi excluido del primer cristianismo— adquiere ahora la mayor importancia.

(Heidegger, piensa que el anticristianismo de Nietzsche sigue preso del cristianismo, precisamente por limitarse a proponer lo inverso. Heidegger piensa en la necesidad de la confrontación con el cristianismo, pero para liberarse de él definitivamente.)

Ahora bien, puede decirse que la vigencia de la cristiandad sociopolítica permitía – aunque no garantizaba- la existencia del cristianismo. Eso ahora no está tan claro que pueda suceder. Porque el nuevo régimen, ¿en qué relación se encuentra con el cristianismo toda vez, que, a veces, parece resueltamente el reverso o el inverso de la cristiandad?

No sería muy difícil demostrar que el régimen vigente a la par que hunde sus raíces en los mismos principios que dieron origen a la cristiandad, intenta, al mismo tiempo, por paradójico que pueda resultar, poner en marcha un "programa" sociopolítico y cultural basado en principios, explícita o implícitamente, contrarios o inversos a los de su precedente. Sus principios son exactamente la negación de los anteriores. Estos, sus principios, no podrían haber dado lugar a ninguna cultura (por distinguir con Spengler entre cultura y civilización), porque no son capaces de crear nada al ser puramente negativos. Son parasitarios de los positivos.

Se definen por oposición, por negación. Viven a costa de los valores que dieron origen a lo que llamamos cristiandad. Y que ha quedado aniquilada hasta no sabemos cuándo.

¿Cómo ha podido ocurrir una cosa así? ¿Hay precedentes en la historia de las civilizaciones de una tan radical y extrema inversión de los valores fundantes de una cultura? ¿Cómo puede vivir un régimen de la negación de los valores del régimen al que ha suplantado? ¿No se está produciendo un gran equívoco o colosal malentendido?

Desde un punto de vista lógico racional *a priori* una cosa así no puede ser posible. Sí sería imaginable una transvaloración de todos los valores, al estilo Nietzsche, pero no una inversión mecánica, que es lo que parece que está ocurriendo desde hace 500 años y que podría seguir otros 500 años. Porque esta inversión opera en todos los contextos en los que puede: cosmológico, natural, económico, familiar, social, cultural, político, estético, ético y religioso. Y, probablemente, no ha acabado con su insidiosa rutina.

En el cuadro siguiente, se muestran algunos ejemplos de la inversión radical de todos los valores efectuados durante la hegemonía de la postcristiandad.

(Aunque no han dejado de haber durante estos últimos siglos intentos de mediación y de superación de la contradicción extrema en la que nos encontramos, podría ser que esos esfuerzos fueran vanos. Habría que aceptar, por ejemplo, como válida la dialéctica de Hegel, y eso no es posible, porque la citada dialéctica ha tomado ya partido por la inevitabilidad de la inversión o negación de todos los valores.)

	Cristiandad hasta siglo XVII	Postcristiandad desde siglo XVII
cosmológico	Geocentrismo, tiempo absoluto	Heliocentrismo, tiempo relativo
Naturaleza	Creacionismo, alma, cuerpo	Evolucionismo, materialismo, reduccionismo
Económico	justicia social, cuidado de los pobres, propiedad	socialismo, comunismo, estatalismo, populismo
Familiar	varón, mujer, amor, matrimonio indisoluble, concepción libre, procreación	divorcio, anticoncepción, aborto, sexo, difuminación de la diferencia sexual
Social	orden, armonía, libertad	oposición, exaltación de todas las contradicciones posibles, lucha, revuelta, rebelión, revolución, liberalismo
Cultural	verdad absoluta o única	relativismo, verdades relativas o muchas verdades
Politico	jerarquía, trono, altar	democracia, república, laicismo
Estético	clasicismo, belleza	rupturas del canon, vanguardias, feísmo
Ético	bien objetivo, virtud, cuidado de la vida, vida humana sagrada	objetivismo, transgresión, permisividad, liberación sexual, eutanasia, vicio, sacralización de la vida no humana
Religioso	Dios, dogma, transcendencia, ortodoxia	hombre, heterodoxia, inmanencia, todo vale excepto el dogma

Cualquiera que quiera moverse –en el momento presente- dentro de los valores de la izquierda de la tabla tendrá serios problemas de inadaptación social y personal. Aunque se encuentre en instituciones "presuntamente" conservadoras. Será reaccionario o integrista. (*¿Católico, feo y sentimental?*) Ultraconservador, tradicionalista. (Sólo se sentirá libre leyendo a Sócrates, Epicteto, Longino, Cicerón, Séneca, Dante, Pascal, Kierkegaard, Dostoievski, Donoso Cortés, De Maistre, Chesterton y todos los antimodernos.)

Querámoslo o no, sepámoslo o no, todos somos postcristiandad y la mayoría de las personas son, además, anticristianos. Pues los valores de la derecha de la tabla son anticristianos. ¿Es posible, todavía, el cristianismo en un mundo, literalmente, fundado sobre la demolición de la cristiandad? No veo cómo. Porque, incluso, los que experimentamos un malestar insoportable estamos infectados, por 500 años de intoxicación y corrupción. La cosa ha llegado a su cima: Usura, Lujuria, Soberbia (T. S. Eliot) y Mentira. Son los dioses a los que la postcristiandad sirve y adora. (El sometimiento a la técnica es la consecuencia: somos esclavos de la técnica por esa idolatría.) La civilización ha decidido no servir a Dios, y ha caído en la servidumbre más extrema: la de servir a la mentira. Hoy todo está fundamentado en una gigantesca mentira. Todo está falsificado. Y la verdad brilla por su ausencia.

3. Los pilares de la apostasía

Veo cuatro pilares sobre los que está construida la mente contemporánea, que han venido a sustituir a los pilares sobre los que se sustentaba la cosmovisión previa: heliocentrismo (frente a geocentrismo), evolucionismo mediante selección natural (frente a creacionismo), marxismo (frente a liberalismo) y psicoanálisis (frente a algo no claramente determinado).

El heliocentrismo y el darwinismo conservan el título de teorías científicas. Tanto el marxismo como el psicoanálisis lo han perdido. Sin embargo, a pesar de ello, y a que se presentaban como auténticas teorías científicas, conservan todo el crédito sociocultural y toda su influencia sobre la mente contemporánea.

El heliocentrismo es una teoría científica porque puede someterse a contrastación experimental. Sin embargo, el darwinismo es, en palabras de K. Popper, un programa metafísico porque no es falsable. Es decir, no puede someterse a ningún control experimental digno de tal nombre. Ni tampoco puede hacer predicciones.

Tanto el heliocentrismo como el darwinismo se sirven de un fraude lógico para mantener su supremacía científica, social y política.

En su caso, el darwinismo da por supuesto que su única alternativa es el Génesis. De ese modo se hace invulnerable a la crítica. Pero, la alternativa al darwinismo no es el Génesis sino una auténtica teoría científica contrastable y falsable. Y con capacidad de predicción. Conviene saber que Santiago Ramón y Cajal, Karl Popper y Kurt Gödel, por citar sólo a tres insignes pensadores, no consideraban a esa pseudoteoría un "dogma de fe". Por el contrario, la consideran excesivamente pretenciosa y jactanciosa.

El heliocentrismo utiliza el mismo "truco". En su caso, se presenta como la única alternativa al sistema tolomeico, cuando, en realidad, tiene otro competidor que es el sistema de Ticho Brahe. Por otra parte, Barnett en *El universo y el doctor Einstein*, con prólogo del propio Einstein, dice que no hay ninguna prueba directa del movimiento de la tierra. O sea, que podría ser que la conjetura heliocéntrica frente a la geocéntrica fuera un asunto indecidible. Además, el heliocentrismo tiene como referente más que a Copérnico, a Galileo. Y este caso pesa mucho sobre la mente moderna. Por ejemplo, Ratzinger ha confesado que el caso Galileo pesó mucho en la convocatoria del Concilio Vaticano II. Y sigue pesando y mucho en su aplicación.

Recapitulando: de los cuatro pilares de la mente moderna sólo uno es una teoría científica. Los otros tres son, en el mejor de los casos, metafísica, filosofía, opinión, creencia, ideología, perspectiva cultural… y, en el peor, meras pseudoteorías.

Me parece que el heliocentrismo se sostiene a sí mismo negando toda evidencia que le ponga en cuestión, haciendo trampas lógicas, además, y es, en definitiva, el que carga con todo el peso del edificio mental moderno y contemporáneo.

Yo no tengo, desgraciadamente, conocimientos suficientes ni de física, matemáticas, biología, economía… Pero os sugiero un "experimento mental". ¿Qué pasaría si de pronto, los cosmólogos, llegaran a la conclusión, a la vista de los datos empíricos más fiables, que el modelo que mejor explica esos datos es el de Ticho Brahe o, que, en el peor de los casos, los explica igual de bien que el modelo heliocéntrico? Es decir, que como sugeriría la teoría de la relatividad, son modelos equivalentes. ¿En qué quedaría el caso Galileo?

Yo creo, como escribió León Felipe que *el tinglado de la farsa y la losa de los templos* (no se olvide que los seis papas conciliares son heliocéntricos, evolucionistas y aceptan, con matices, ciertos aspectos del marxismo y del psicoanálisis) se vendrían abajo y entonces… ¿Habría que empezar de nuevo?

4. Decadencia, ciclos o apostasía

Se ha encontrado entre los papeles póstumos de un viejo profesor de Princeton una teoría que relaciona el ciclo general de la historia humana con el ciclo de toda vida personal.

Traduzco del inglés las ideas principales. Algunas palabras y frases no se entienden bien. Están escritas con una caligrafía muy confusa.

La cosa es rara porque no se conocían motivaciones teológicas a este emérito profesor. Veamos, pues.

Nick Trapelton (1927-2012) distingue entre historia inmanente e historia trascendente.

La historia trascendente es un conjunto de ciclos cada uno de los cuales consta de cuatro etapas: apostasía, persecución, domino del anticristo y venida de Cristo. Al parecer llevamos así un número indeterminado de ciclos.

En estos momentos estaríamos en el reinado del anticristo, que no es una persona en concreto sino todo un sistema que prima los valores anticristianos. Estos valores son dominantes, hegemónicos, predominantes, en definitiva.

La vida de cada uno de nosotros recrea este ciclo con sus cuatro fases.

Cada una de las fases no tiene la misma duración. Por ejemplo, la tercera es muy larga. La cuarta, en cambio, es muy corta.

La historia inmanente no se rige por ninguna ley ni pasa por ningún ciclo. Está abierta y es indeterminada. Un determinado descubrimiento técnico, por ejemplo, puede cambiarlo todo. En esa historia crecen las bondades, es decir, hay progreso, pero también crecen las maldades, hay regresiones. De modo que el saldo siempre es cero.

La otra historia, en cambio, está "determinada" metafísicamente por la lucha --sin cuartel-- entre el bien y el mal. Siempre termina venciendo el bien. En este caso, sin embargo, el saldo final siempre es favorable al bien. Cuando la suma de todo el saldo positivo acumulado, a través de los ciclos, exceda infinitamente al mal, éste perecerá. Y se acabarán los ciclos.

En ese momento, todo el bien-infinito- fecundará la historia inmanente y se crearán un cielo y una tierra nuevos.

Es imposible saber cuántos ciclos quedan todavía para llegar a ese momento.

Por lo tanto, el cristianismo captura de un modo definitivo la clave de todo el devenir humano.

Es imposible no vivir en una determinada fase del ciclo permanente.

Cuando se juntan una crisis histórica inmanente con un reinado del anticristo es muy difícil discernir qué aspecto corresponde a cada historia. En estos momentos nos está pasando eso. Hay una crisis económica, social y política y --además-- hay un reinado clarísimo de los valores anticristianos. Se cruzan los dos momentos, pero no están vinculados causalmente. Esto es enigmático. Podríamos resolver la crisis, de algún modo, y seguir el dominio anticristiano. Podría producirse una nueva venida del reinado de los valores cristianos y la crisis histórica continuar. Hay cuatro posibilidades, pues.

La historia trascendente es la que más cuenta. Es la más importante.

5. LAS EDADES Y SUS DÍAS

Lunes. El Cosmos. ¿Por qué hay algo en lugar de nada? ¿Por qué hay esto y no otra cosa? Los cambios, las transformaciones. Lo que es. Lo que existe. ¿Qué significa Nada? ¿Puede haber Nada?

Martes. La Vida. ¿Cómo surge? ¿Comporta también la muerte? Los ciclos. La evolución. Los fines, los propósitos. ¿Hacia dónde?

Miércoles. El Hombre. La palabra, el símbolo, la conciencia. ¿Cuál es la clave de su emergencia? Determinación e indeterminación. La edad de Oro. El Paraíso. ¿Quedan huellas de la inocencia perdida? ¿Puede demostrarse de alguna forma?

Jueves. La Caída. El Pecado Original. ¿En qué consistió? La expulsión. Las alteraciones que produjo en la naturaleza y en la naturaleza humana. La historia, la cultura, la sociedad. El hambre, la carestía, los sudores, la enfermedad, la muerte, los errores. El mal. ¿Cabe la demostración racional de la Caída, por el método que sea?

Viernes. El pueblo elegido. Jesús: la encarnación de Dios. El cristianismo. La Iglesia. La salvación. Y, sobre todo: la Resurrección. La victoria sobre el pecado y la muerte. ¿Hay señales tangibles de que esa victoria ya se ha producido? La Belleza, la santidad de las almas bellas...

Sábado. ¿Vivimos en el tiempo final, en el inicio de un nuevo Paraíso? ¿Es un tiempo de espera? *El principio esperanza.* ¿Puede calcularse ese tiempo? Vivimos en el *Ven Señor Jesús.* ¿Durante cuánto tiempo aún?

Domingo. Inconcebible. Más allá de toda ciencia, incluso de la ciencia del no saber.

6. Habría 7 niveles de Realidad o de Existencia o de Ser

1. El vacío primordial. Sólo se puede entender como AMOR. Es lo absolutamente Otro. Está más allá de todo. (Budismo, judaísmo y cristianismo lo atisban.)
2. Lo indeterminado. Más allá de las categorías de finitud e infinitud. La conciencia. (Los griegos lo captan.)
3. Lo infinito actual no numerable. (La mente humana. Nadie lo ha entendido hasta la fecha.)
4. Lo infinito actual numerable. (Este nivel y el siguiente han venido siendo confundidos desde siempre entre sí. El mundo físico fundamental.)
5. Lo infinito potencial. (Me es difícil caracterizarlo.)
6. Lo finito. (La existencia en el espacio y el tiempo.)
7. La nada. (La muerte)

El vacío primordial cuando crea atraviesa esos 7 niveles. El último retorna al primero, se cierra el círculo. Las relaciones entre ellos son múltiples y en todas direcciones. La creación es una actividad continua. Siempre hay creación. Está excluido el panteísmo. El AMOR CREA, PERO ESTÁ MÁS ALLÁ DE LO CREADO. Crea libremente, pero es una decisión eterna. Desde siempre decidió crear. Este "esquema" aparece incluso en las ciencias formales (lógica, matemática, IA.) Algunos teoremas, algunas funciones, algunas ecuaciones expresan "místicamente" todos estos niveles. Menos para el vacío primordial, en matemáticas hay notaciones, símbolos, conceptos muy elaborados PARA TODOS ELLOS. Para el vacío primordial nunca habrá símbolo posible. Está más allá de todo. Sólo lo captamos cuando cada uno y juntos llegamos al límite. Allí emerge, pero como posibilidad, como ausencia, como inaccesible... La naturaleza está escrita en lenguaje matemático SÍ, PERO TAMBIÉN EN LENGUAJE metamatemático.

La humanidad parece haber llegado a un punto crucial en el que todo esto se va poniendo de manifiesto. Para ello se requiere un cambio epistemológico muy profundo, un giro radical, pero los materiales con los que hacerlo ya están, gracias a Dios, elaborados.

Yo creo que la inspiración fundamental viene del cristianismo. El cristianismo captó que el vacío primordial, el AMOR, decidió eternamente encarnarse (Prólogo Evangelio de San Juan.) Para eso tuvo que atravesar todos esos niveles. Comprendió que la muerte no era la última palabra, que desde la muerte absoluta se retorna a lo ABSOLUTO, EN UN PROCESO SIN FIN (San Pablo: si Jesús no ha resucitado vana es nuestra fe.) Nuestra Teresa y nuestro Juan de una forma simbólica captaron todos estos niveles. La epistemología de su tiempo les impedía expresarlo de otro modo. Pero son personas clave en este itinerario. Yo creo que lo siguen siendo porque siguen inspirándonos y lo seguirán haciendo.

La verdad más profunda es la verdad mística. A ella siempre se llega, desde ella siempre se puede llegar a todas partes. Es Amor y Verdad, sin contradicción alguna, en su seno conviven sin contradicción. En nuestro mundo, muchas veces son imposibles de conciliar. El verdadero conocimiento es Amor y viceversa.

Los judíos y los budistas juegan un papel muy importante. Y, en general, todos los místicos, aunque alguno sea ateo, panteísta, materialista....

7. Sin el cristianismo no hay salvación posible

Antecedentes

Platón escribió que, si surgiera en el mundo un Justo perfecto, sería cruelmente muerto por sus semejantes... desemejantes; los Santos Padres vieron en estas líneas una "profecía natural" del destino de Cristo, hecha cinco siglos antes; mas Platón profetiza hacia atrás, no hace más que describir en abstracto la escandalosa ejecución de Sócrates, que había presenciado; y deducir con simple lógica que si uno mejor que su Maestro surgiera peor le iría entre los hombres. "*El Justo será azotado, torturado, encadenado, le quemarán los ojos y finalmente después de haberlo torturado en toda clase de padecimientos, será empalado en una cruz para que conozcan que no hay que querer ser justo, sino parecer justo*". (PLATÓN, *Politeia*, II, 361-e.) (L. Castellani)

La pregunta qué le ocurre al hombre justo y cuál es su destino, ocupó ya a Platón 400 años A.C. en un memorable presentimiento. El resultado de su reflexión es que el justo perfecto tiene que cargar con la apariencia de la injusticia, manteniéndose inalterado sin preocuparse de la opinión pública y permaneciendo hasta el extremo fiel a la justicia. El verdadero justo será en este mundo un ser perseguido e ignorado. "*Ellos* (los que alaban la injusticia por encima de la justicia) *dicen que el justo animado de estos sentimientos debe ser encadenado, azotado, torturado, que le han de sacar los ojos y, finalmente, que será clavado en la cruz*" (*Politeia* II 361e, versión de Schleiermacher, retocada por Ratzinger)

Pese a sus convicciones ateas, Sartre tenía presentimientos: *"No me siento como una mota de polvo que ha aparecido en el mundo, confesó a Beauvoir, sino como un ser esperado, prefigurado, llamado. En resumen, como un ser que podría, parece, provenir solo de un creador. Esto contradice muchas de mis otras ideas. Pero ahí está, flotando vagamente. Y cuando pienso en mí mismo, a menudo lo hago de este modo, por no ser capaz de pensar de manera distinta."*

Se llama Testimonio Flaviano a un pasaje de las *Antigüedades de los judíos* de Flavio Josefo (XVIII 2,2 = 63-64) en el que este historiador que escribe su obra hacia el 95 d. C. habla de Jesús. El texto, muy breve, es el siguiente:

Por este tiempo apareció Jesús, un hombre sabio (si es que es correcto llamarlo hombre, ya que fue un hacedor de milagros impactantes, un maestro para los hombres que reciben la verdad con gozo**), y atrajo hacia él a muchos judíos** (y a muchos gentiles, además. Era el mesías). **Y cuando Pilato, frente a la denuncia de aquellos que son los principales entre nosotros, lo había condenado a la cruz, aquellos que lo habían amado primero no le abandonaron** (ya que se les apareció vivo nuevamente al tercer día, habiendo predicho esto y otras tantas maravillas sobre él los santos profetas). **La tribu de los cristianos, llamados así por él, no ha cesado de crecer hasta este día.**

GAYO PLINIO SALUDA AL EMPERADOR TRAJANO (111-112)

1. Es costumbre para mí, mi señor, consultarte acerca de todas las cosas sobre las que dudo. ¿Quién, en efecto, puede guiar mejor mi irresolución o instruirme en lo que no sé? Jamás he participado en los procesos contra los cristianos: por ello, desconozco qué suele castigarse o perseguirse y hasta qué

punto. 2. Y no he dudado poco si acaso se hace alguna distinción de edad o, por tiernos que sean, en nada difieren de los más robustos; si hay perdón para el arrepentimiento, o si el que fue completamente cristiano no obtiene alguna ventaja al haber dejado de serlo. Si se castiga el mero hecho de llamarse cristiano, en caso de que no se hayan cometido delitos, o si se castigan los delitos asociados a tal nombre.

Entretanto, esta es la norma que he seguido para con aquellos que hasta mí han sido traídos como cristianos. 3. A ellos mismos les pregunté si eran o no cristianos. A quienes confesaron que sí les pregunté una segunda y una tercera vez, con la amenaza de suplicio; ordené que se ejecutara a los que perseveraban. Yo no dudaba, en efecto, de que, al margen de lo que confesaran, debía castigarse la pertinacia y la obstinación cerrada. 4. Hubo otros de similar desvarío a los que apunté para que fueran enviados a Roma, ya que eran ciudadanos romanos. Poco después, como suele ocurrir, al extenderse la acusación por causa del mismo proceso, se dieron situaciones variadas.

5. Se hizo público un libro anónimo que contenía los nombres de muchas personas. Quienes negaban que eran cristianos o que lo hubieran sido, una vez que por medio de una fórmula mía imploraron a los dioses y suplicaron con incienso y vino a una imagen tuya que había ordenado colocar para este cometido, junto a unas figuras de los dioses, y una vez que, además, blasfemaron contra Cristo, cosas que dicen que no pueden ser obligados a hacer quienes en verdad son cristianos, consideré que podía dejarlos libres.

6. Otros, nombrados por un delator, declararon que eran cristianos y poco después lo negaron; dijeron que lo habían sido ciertamente, pero que habían dejado de serlo, algunos hacía ya tres años, otros ya muchos años antes, alguno incluso veinte. Asimismo, todos ellos adoraron una imagen tuya y las figuras de los dioses y, además, blasfemaron contra Cristo.

7. Aseguraban, asimismo, que toda su culpa o su error no había sido más, según ellos, que haber tenido por costumbre reunirse un día señalado antes del amanecer, cantar entre ellos, de manera alterna, en alabanza a Cristo como si fuera un dios, y comprometerse mediante juramento no a delinquir, sino a no robar, ni cometer pillajes ni adulterios, a no faltar a su palabra ni negarse a devolver un depósito cuando se les reclamara. También decían que, una vez realizados estos ritos, tenían por costumbre separarse y reunirse de nuevo para tomar el alimento, totalmente corriente e inocuo, pero que dejaron de hacerlo tras mi edicto, por el cual, según tus mandatos, había prohibido que hubiera asociaciones. 8. Así pues, creí aún más necesario inquirir también, mediante el tormento de dos esclavas que eran llamadas "ministras", qué había de verdad. No encontré ninguna otra cosa más que una superstición depravada y desmesurada.

9. Por ello, aplazada la indagación, me he apresurado a consultarte. A mí me parece que se trata de una cuestión digna de consulta, sobre todo a causa del número de personas que corren peligro (de ser juzgadas). Hay mucha gente, en efecto, de todas las edades, de todas las condiciones y de ambos sexos incluso que son llamados a juicio y seguirán siendo llamados. Y el contagio de esta superstición no se ha extendido tan sólo por las ciudades, sino también por las aldeas y los campos; aun así, parece que puede detenerse y corregirse. 10. Sin embargo, hay suficiente constancia de que los templos, casi ya abandonados, han comenzado a frecuentarse, y que se vuelven a celebrar los sacrificios rituales, hace tiempo interrumpidos, y que se vende por todas partes la carne de las víctimas, para la que hasta ahora no se encontraban sino escasísimos compradores. De esto es fácil deducir qué cantidad de personas podría enmendarse si hubiera lugar para el arrepentimiento.

TRAJANO SALUDA A PLINIO

1. Has seguido el procedimiento que debías, mi querido Segundo, en el examen de las causas de los que ante ti han sido denunciados como cristianos. Y no es posible, en efecto, establecer para todos una norma general, como si ésta tuviera una aplicación determinada. No hay que perseguirlos; si se los denuncia y acusa, hay que castigarlos, pero quien haya negado ser cristiano y lo haya demostrado realmente, es decir, mediante la súplica a nuestros dioses, aunque hubiera sido sospechoso en el pasado, que obtenga el perdón por su arrepentimiento. 2. Sin embargo, los libros anónimos que circulan no deben tener cabida en acusación alguna, pues esto sirve de pésimo ejemplo y no es propio de nuestro tiempo.

TÁCITO, ANALES XV, 44. HACIA EL AÑO 115

«Pero ni con los medios humanos, ni con la generosidad del emperador o el aplacamiento de los dioses desaparecía la mala fama por la cual se creía que el incendio había sido provocado. Por ello, para acabar con el rumor, Nerón presentó como reos y sometió a refinados castigos a quienes, odiados por culpa de sus inmoralidades, la gente llamaba 'cristianos'. El fundador de la secta, Cristo, había sido castigado con la muerte durante el reinado de Tiberio por el procurador Poncio Pilato, y la fatal superstición, momentáneamente reprimida, irrumpía de nuevo, no sólo en Judea, origen del mal, sino también en Roma, donde confluye y se celebra todo lo horrible y vergonzoso, provenga de donde provenga. De modo que, primero, fueron detenidos quienes confesaban; luego, gracias a su denuncia, una gran multitud fue declarada, junto a los primeros, convicta y confesa, no tanto bajo la acusación de incendio como por odio al género humano. A la hora de su muerte se recurrió además a burlas, de tal manera que, cubiertos con pieles de alimañas, perecían desgarrados por los perros, o bien, clavados a una cruz y, tras prendérseles fuego, eran quemados para ser usados como antorchas de noche cuando se iba el día. Nerón había ofrecido su jardín para este espectáculo, y celebraba unos juegos de circo mezclado con la plebe en traje de auriga o montado en un carro. De ahí que, aunque contra culpables y merecedores de la última pena, naciese la compasión, pues a todas luces no eran sacrificados en nombre de la utilidad pública sino por el sadismo de uno solo.»

Un fragmento de **LA MUERTE DE PEREGRINO** de Luciano (165-85)

11: «Fue entonces, precisamente, cuando conoció la admirable doctrina de los cristianos, en ocasión de tratarse, en Palestina, con sus sacerdotes, y escribas. Y ¿qué os creéis? En poco tiempo les descubrió que todos ellos eran unos niños inocentes, y que él, sólo él, era el profeta, el sumo sacerdote, el jefe de sinagoga, todo en suma. Algunos libros sagrados él los anotaba y explicaba; otros los redactó él mismo. En una palabra, que lo tenían por un ser divino, se servían de él como legislador y le dirigían cartas como a su jefe. Todavía siguen adorando a aquel gran hombre que fue crucificado en Palestina por haber introducido entre los hombres esta nueva religión».

12: «Prendido por esta razón, Proteo fue a dar con sus huesos en la cárcel, cosa que le granjeó mayor aureola aún para las otras etapas de su vida y con vistas a la fama de milagrero que tanto anhelaba. Pues bien; tan pronto como estuvo preso, los cristianos, considerándolo una desgracia, movieron cielo y tierra por conseguir su libertad. Al fin, como esto era imposible, se procuró al menos proporcionarle cuidados y no precisamente al buen tuntún, sino con todo el interés del mundo. Y ya desde el alba podía verse a las puertas de la cárcel una verdadera multitud de ancianos, viudas y huérfanos e incluso los jerarcas de su secta dormían con él en la prisión, previo soborno de los guardianes. Luego eran introducidos toda clase de manjares, se pronunciaban discursos sagrados y el excelente Peregrino —pues todavía llevaba este nombre—era calificado por ellos de nuevo Sócrates».

13: «Es más: incluso desde ciertas ciudades de Asia llegaron enviados de las comunidades cristianas para socorrer, defender y consolar a nuestro hombre. Porque es increíble la rapidez que muestran tan pronto se divulga un hecho de este tipo. Y es que—para decirlo con pocas palabras—, no tiene bienes propios. Y ya tienes que va a parar a los bolsillos de Peregrino —procedente de manos de esas gentes— una gran suma de dinero en razón de su condena; con ello le ayudaron, y no poco, monetariamente. **Y es que los infelices creen a pie juntillas que serán inmortales y que vivirán eternamente, por lo que desprecian la muerte e incluso muchos de ellos se entregan gozosos a ella.** Además, su fundador les convenció de que todos eran hermanos. Y así, desde el primer momento en que incurren en este delito reniegan de los dioses griegos y adoran en cambio a aquel filósofo crucificado y viven según sus preceptos. Por eso desprecian los bienes, que consideran de la comunidad, si bien han aceptado estos principios sin una completa certidumbre, pues si se les presenta un mago cualquiera, un hechicero, un hombre que sepa aprovecharse de las circunstancias, se enriquece en poco tiempo, dejando burlados a esos hombres tan sencillos»,

16: «Salió, pues, por segunda vez de su ciudad natal, dispuesto a recorrer mundo, con los cristianos como único sostén, gracias a cuya protección lo pasaba a lo grande. Y así vivió durante un tiempo. Más tarde, empero, y por haber cometido alguna falta contra ellos —se le vio, según creo, tomar alimentos prohibidos— hallose desamparado, falto de su protección y entonces pensó que no tenía más remedio que retractarse y reclamar los bienes a su ciudad; y, efectivamente, presentó un memorándum y exigió la entrega de los bienes por orden del

emperador. Mas la ciudad envió a su vez también una emba-
jada y aquél nada consiguió al fin, sino que se declaró que se
atuviera a su primera decisión, ya que nadie le había obligado
a ello».

FLAVIO JOSEFO (37-100)

Algunos judíos creyeron que el ejército de Herodes había
perecido por la ira de Dios, sufriendo el condigno castigo por
haber muerto a Juan, llamado el **Bautista**. Herodes lo hizo
matar, a pesar de ser un hombre justo que predicaba la práctica de la virtud, incitando a vivir con justicia mutua y con
piedad hacia Dios, para así poder recibir el bautismo. Era con
esta condición que Dios consideraba agradable el bautismo; se
servían de él no para hacerse perdonar ciertas faltas, sino para
purificar el cuerpo, con tal que previamente el alma hubiera sido purificada por la rectitud. Hombres de todos lados se
habían reunido con él, pues se entusiasmaban al oírlo hablar.
Sin embargo, Herodes, temeroso de que su gran autoridad in-
dujera a los súbditos a rebelarse, pues el pueblo parecía estar
dispuesto a seguir sus consejos, consideró más seguro, antes
de que surgiera alguna novedad, quitarlo de en medio, de lo
contrario quizá tendría que arrepentirse más tarde, si se pro-
dujera alguna conjuración. Es así como por estas sospechas de
Herodes fue encarcelado y enviado a la fortaleza de Maquero,
de la que hemos hablado antes, y allí fue muerto. Los judíos
creían que, en venganza de su muerte, fue derrotado el ejército
de Herodes, queriendo Dios castigarlo. (Libro 18, capítulo 5,
apartado 2.)

Por aquel tiempo existió un hombre sabio, llamado **Jesús**,
si es lícito llamarlo hombre, porque realizó grandes milagros
y fue maestro de aquellos hombres que aceptan con placer
la verdad. Atrajo a muchos judíos y muchos gentiles. Era el
Cristo. Delatado por los principales de los judíos, Pilatos lo

condenó a la crucifixión. Aquellos que antes lo habían amado no dejaron de hacerlo, porque se les apareció al tercer día resucitado; los profetas habían anunciado éste y mil otros hechos maravillosos acerca de él. Desde entonces hasta la actualidad existe la agrupación de los cristianos. (Libro 18, capítulo 3, apartado 3.)

Siendo Anán de este carácter, aprovechándose de la oportunidad, pues Festo había fallecido y Albino todavía estaba en camino, reunió el sanedrín. Llamó a juicio al **hermano de Jesús** que se llamó Cristo; su nombre era Jacobo, y con él hizo comparecer a varios otros. Los acusó de ser infractores a la ley y los condenó a ser apedreados. (Libro 20, capítulo 9, apartado 1.)

8. Los diez grados del amor

I. *El alma está enferma de amor.*

Libertad no conozco sino la libertad de estar preso en alguien
cuyo nombre no puedo oír sin escalofrío;
alguien por quien me olvido de esta existencia mezquina,
por quien el día y la noche son para mí lo que quiera,
y mi cuerpo y espíritu flotan en su cuerpo y espíritu
como leños perdidos que el mar anega o levanta
libremente, con la libertad del amor,
la única libertad que me exalta,
la única libertad porque muero.
(Luis Cernuda)

II. *El ama busca sin cesar.*

I'm Nobody! Who are you?
Are you –Nobody- too?
Then there's a pair of us!
Don't tell! They'd banish us –you know!
(Emily Dickinson)

III. *El alma actúa con delicadeza.*

Perdóname por ir así buscándote
tan torpemente, dentro
de ti.

Perdóname el dolor, alguna vez.
Es que quiero sacar
de ti tu mejor tú.
(Pedro Salinas)

IV. *El alma sufre sin angustia.*

Oh riberas queridas, que disteis la vida,
¿calmáis el sufrimiento del amor?, ¿prometéis,
oh bosques de mi edad temprana, cuando vuelva,
dadme la paz de nuevo?
Porque los que nos prestan el fuego celestial,
los dioses, nos otorgan también dolor sagrado.
Por ello, acepto el mío. Soy hijo de la tierra,
nacido para amar, para sufrir.
(Hölderlin)

V. *El alma apetece y codicia el amor de un modo impaciente.*

Gli angeli medicano le piaghe di colui che cade
e inconsciamente si fa male per amore
perché l'amore, che è la tragedia dell'uomo,
è anche la tragedia divina,
quando in un impeto di violenza
Dio ha creato non tanto l'amore
quanto la follia dell'amore.
(Alda Merini)

VI. *El alma corre hacia el amor.*

…Tan presente
te tengo siempre que mi cuerpo acaba

en tu cuerpo moreno por el que una
vez más me pierdo, por el que mañana
me perderé…
…Y yo te amo.
Busco despojos, busco una medalla
rota, un trofeo vivo de este tiempo
que nos quieren robar. Estás cansada
y yo te amo. Es la hora. ¿Nuestra carne
será la recompensa, la metralla
que justifique tanta lucha pura
sin vencedores ni vencidos? Calla,
que yo te amo. Es la hora. Entra ya un trémulo
albor. Nunca la luz fue tan temprana.
(Claudio Rodríguez)

VII. *El alma alcanza los límites.*

Ich bin du, wenn Ich Ich bin.

Más oscuro en lo oscuro, más desnudo estoy.
Tan sólo al desertar soy fiel.
Yo soy tú cuando soy yo.
(Paul Celan)

VIII. *El alma se aferra, trata de asir y no suelta.*

Señor, ya me arrancaste lo que yo más quería.
Oye otra vez, Dios mío, mi corazón clamar.
Tu voluntad se hizo, Señor, contra la mía.
Señor, ya estamos solos mi corazón y el mar.
(Antonio Machado)

IX. *El alma arde en amor con suavidad.*

Tota la meva vida es lliga a tu,
com en la nit les flames a la fosca.
(B. Rosselló- Pòrcel)

X. *El alma se convierte totalmente por asimilación en amor.*

¡Cuán manso y amoroso
recuerdas en mi seno
donde secretamente solo moras,
y en tu aspirar sabroso
de bien y gloria lleno
cuán delicadamente me enamoras!

9. Baudelaire y Dios

Aun si Dios no existiera, la Religión seguiría siendo Santa y *Divina*.

Dios es el único ser que, para gobernar, no necesita existir.

La oración es una operación mágica. La oración es una de las grandes potencias de la dinámica intelectual. Es electricidad incesante.

El rosario es un médium, un vehículo; es la oración puesta al alcance de todos.

¡Cuántos presentimientos y signos enviados por Dios, de que es *el gran tiempo* de actuar, de considerar el minuto presente como el más importante de los minutos, y de crear con mi tormento ordinario, es decir, con el Trabajo, la *voluptuosidad perpetua*!

Haz todos los días lo que te dicta el deber y la prudencia. Si trabajaras todos los días, la vida sería más soportable. Trabaja *seis* días sin descanso.

Me juro a mí mismo seguir desde hoy las siguientes reglas como reglas eternas de mi vida: Hacer todas las mañanas mi *oración a Dios, de toda fuerza y de toda justicia...* confiar en Dios, es decir, en la Justicia... hacer todas las noches una nueva oración para pedir a Dios vida y fuerza...

Acometer nuestro deber todos los días y confiar a Dios el día siguiente. Las humillaciones que he recibido han sido gracias de Dios.

Nada existe sin un propósito. Por lo tanto, mi existencia tiene un propósito. ¿Qué propósito? Lo ignoro. Por lo tanto, no soy yo quien lo ha marcado. Fue alguien más sabio que yo.

Habrá, entonces, que rezar a ese alguien para que me ilumine. Es la apuesta más sabia.

En todo hombre, a toda hora, existen dos vocaciones simultáneas, una hacia Dios, la otra hacia Satán. La invocación a Dios, o espiritualidad, es el deseo de subir de posición; la invocación a Satán, o animalidad, es la alegría del Descenso.

La Teología. - ¿Qué es la Caída? Si es la unidad convertida en dualidad, entonces es Dios quien ha caído. En otros términos, ¿acaso la creación es la caída de Dios?

El gusto por el placer nos encadena en el presente. La preocupación por nuestra salvación nos suspende en el futuro.

Ante todo, Ser *un gran hombre y un Santo* para sí mismo.

El ser más prostituido es el ser por excelencia, Dios, porque él es el amigo de cada individuo, porque él es la reserva común, inagotable, del amor.

No me castigues por medio de mi madre, y no castigues a mi madre por culpa mía... Dame la fuerza de hacer inmediatamente mi deber todos los días y de volverme, así, un héroe y un Santo.

Lo único interesante sobre la tierra son las Religiones. Existe una Religión Universal creada por los Alquimistas del Pensamiento, una Religión que provienen del hombre, considerado como memento divino.

Teoría de la verdadera Civilización. No está en el gas, ni en el vapor, ni en las sesiones de espiritismo, está en la disminución de las huellas del pecado original.

Aviso a los No Comunistas. Todo es Común, aun Dios.

Dios y su profundidad. Se puede no carecer de espíritu y buscar en Dios al cómplice y al Amigo que siempre faltan. Dios es el eterno confidente en esta tragedia en la que Cada Uno es el héroe. Quizás hay usureros y asesinos que imploran a Dios: "¡Señor, haz que mi próximo golpe sea un éxito!" Pero la oración de esos bandidos no daña ni el honor ni el placer de la mía.

Desde mi infancia, tendencia a la mística. Mis conversaciones con Dios.

Dinámica moral de Jesús. Los Sacramentos son el medio de esta Dinámica.

(Según traducción de Ernesto Kavi.)

10. La importancia de la Misa
como sacrificio perpetuo salvífico

Distintos testimonios

Simone Weil

El Cristo que cura a los enfermos, resucita a los muertos, etc., representa la parte humilde, humana casi baja de su misión. La parte sobrenatural la constituye el sudor de sangre, el deseo insatisfecho de consuelos humanos, la súplica por salvarse, el sentimiento de abandono de Dios.

Dios mío, Dios mío, ¿por qué me has abandonado? (SW lo escribe en griego).

Ésa es la auténtica prueba de que el cristianismo es algo divino.

La belleza de los ritos. La misa. La misa no produce efecto en la inteligencia, pues a la inteligencia no se le alcanza lo que allí tiene lugar. Es perfectamente bella, de una belleza sensible, pues los ritos y los signos son cosas sensibles. Es bella de la forma en que lo es una obra de arte.

(Lógicamente se está refiriendo a la misa tradicional. Son palabras de 1942. No sé qué diría de la misa de ahora.)

Cuadernos, Trotta, traducción de Carlos Ortega.

Jung

Un ejemplo viviente del misterio escénico que representa la permanencia y la transformación de la vida es la misa. Si observamos al público durante el acto sagrado, podemos ver todos los grados, desde la mera y apática presencia hasta la más profunda emoción. Los grupos de hombres, que durante la misa están todos juntos cerca de la puerta de salida, charlando de temas perfectamente mundanos, santiguándose mecánicamente e hincando una rodilla, a pesar de su falta de atención participan en el acto sagrado por el mero hecho de estar presentes en el recinto lleno de gracia. En la misa, en un acto fuera del tiempo y del mundo, Cristo es sacrificado y resucita después en las substancias transformadas. El sacrificio ritual no es una repetición del hecho histórico sino el suceso primero y único, eterno. La experiencia de la misa es por eso una participación en una trascendencia de la vida que supera todas las barreras de espacio y tiempo. Es un momento de eternidad en el tiempo.

Tomado de *Sobre el renacer*.
Extraído, a su vez, de *Los arquetipos y el inconsciente colectivo*.

Federico García Lorca

"Lo más interesante de esta inmensa ciudad es precisamente el cúmulo de razas y de costumbres diferentes. Yo espero poder estudiarlas todas y darme cuenta de todo este caos y esta complejidad.

He asistido también a oficios religiosos de diferentes religiones. Y he salido dando vivas al portentoso, bellísimo, sin igual catolicismo español.

No digamos nada de los cultos protestantes. No me cabe en la cabeza (en mi cabeza latina) cómo hay gentes que puedan ser protestantes. Es lo más ridículo y lo más odioso del mundo.

Figuraos vosotros una iglesia que en lugar de altar mayor haya un órgano y delante de él a un señor de levita (el pastor) que habla. Luego todos cantan, y a la calle. Está suprimido todo lo que es humano y consolador y bello, en una palabra. Aun el catolicismo de aquí es distinto. Está minado por el protestantismo y tiene esa misma frialdad. Esta mañana fui a ver una misa católica dicha por un inglés. Y ahora veo lo prodigioso que es cualquier cura andaluz diciéndola. Hay un instinto innato de la belleza en el pueblo español y una alta idea de la presencia de Dios en el templo. Ahora comprendo el espectáculo fervoroso, único en el mundo, que es una misa en España. La lentitud, la grandeza, el adorno del altar, la cordialidad en la adoración del Sacramento, el culto a la virgen, son en España de una absoluta personalidad y de una enorme poesía y belleza.

Ahora comprendo también, aquí frente a las iglesias protestantes, el *porqué racial* de la gran lucha de España contra el protestantismo y de la españolísima actitud del gran rey injustamente tratado en la historia, Felipe II.

Lo que el catolicismo de los Estados Unidos no tiene es solemnidad, es decir, calor humano. La solemnidad en lo religioso es *cordialidad*, porque es una prueba viva, prueba para los sentidos, de la inmediata presencia de Dios. Es como decir: Dios está con nosotros, démosle culto y adoración. Pero es una gran equivocación suprimir el ceremonial. Es la gran cosa de España. Son las formas exquisitas, la hidalguía con Dios."

Carta de Federico García Lorca a su familia; Nueva York, domingo 14 julio de 1929; en *Epistolario completo*; Cátedra, 1997; pgs. 626-627.

Agatha Christie *et. al.*

"Si algún decreto insensato llegase a ordenar la destrucción total o parcial de las basílicas o las catedrales, obviamente serían las personas beneficiadas por la cultura -cualesquiera fuesen sus creencias personales-, quienes se alzarían horrorizadas en oposición a una posibilidad tal. Ahora el hecho es que las basílicas y catedrales fueron construidas para celebrar un rito que, hasta hace unos meses, constituía una tradición viva. Nos estamos refiriendo a la Misa Romana Tradicional. Aun así, de acuerdo a las últimas informaciones provenientes de Roma, existe un plan para hacer desaparecer dicha Misa hacia fines del año en curso. Uno de los axiomas de la publicidad contemporánea, tanto religiosa como secular, es que el hombre moderno en general, y los intelectuales en particular, se han vuelto intolerantes a toda forma de tradición y están ansiosos por suprimirlas y poner alguna otra cosa en su lugar. Pero, como muchas otras afirmaciones de nuestras máquinas publicitarias, este axioma es falso. Hoy, como en los tiempos pasados, la gente culta está a la vanguardia, allí donde es necesario el reconocimiento del valor de la tradición, y son los primeros en dar la voz de alarma cuando ella es amenazada. No estamos considerando en este momento la experiencia religiosa o espiritual de millones de individuos. El rito en cuestión, en su magnífico texto latino, ha inspirado una pléyade de logros artísticos invalorables -no solo obras místicas sino la de poetas, filósofos, músicos, arquitectos, pintores y escultores de todos los países y épocas. De este modo pues, el Rito pertenece a la cultura universal, tanto como a los hombres de Iglesia y a los cristianos formales. En la civilización materialista y tecnocrática de hoy con su creciente amenaza para la mente y el espíritu en su expresión creativa original -la palabra- parece especialmente inhumano privar al hombre de formas verbales que han alcanzado su más excelsa manifestación. Los firmantes de este pedido, que es completamente ecuménico y apolítico, proceden de cada una de las ramas de la cultura europea y de otras partes. Quieren llamar la atención de la Santa Sede sobre la apabullante responsabilidad en la que incurriría en la historia del espíritu humano si se negara a permitir la subsistencia de la Misa Tradicional, incluso aunque esta subsistencia tuviera lugar junto con otras formas litúrgicas."

Marcel Proust

Las catedrales son la más alta y la más original de las expresiones del genio de Francia. En las ceremonias católicas la belleza está por encima de lo que cualquier artista haya soñado jamás. (¡Cuándo todo un pueblo respondía a la voz del sacerdote, se prosternaba de rodillas cuando sonaba la campanilla de la elevación!) Esto es lo que diríamos si la religión católica ya no existiera, pero afortunadamente existe aún. Sólo tenemos que entrar a cualquier hora del día en una (catedral o iglesia) en la que se esté celebrando un oficio. Gracias a la persistencia de los mismos ritos en la Iglesia católica y, por otra parte, a la creencia católica, las catedrales no sólo son los más bellos monumentos, sino los únicos que han permanecido atados al objetivo para el que fueron construidos. No existe hoy (1904) un socialista que no deplore las mutilaciones que la Revolución infligió a nuestras catedrales. En tanto que en ella se celebre la misa, por muy mutilada que esté, siempre conservará un poco de vida. Desde el momento que se la destine a cualquier otra cosa, morirá. Podemos decir a las iglesias lo que Jesús decía a sus discípulos: Sólo si continuáis comiendo la carne del hijo del hombre y bebiendo su sangre habrá vida en vosotros. Cuando ya no se celebre en las iglesias el sacrificio de la sangre y la carne de Cristo, el sacrificio de la misa, ya no habrá vida en ellas. Hay un profundo simbolismo en una ceremonia cotidiana como la misa: el Introito abre la ceremonia, sigue la lectura de la epístola, el canto del Gradual, la lectura del Evangelio, el Credo después del Evangelio... Así todo; hasta el más mínimo gesto del sacerdote, hasta la estola que se coloca, coincide con el sentimiento profundo que anima a la catedral (o iglesia) entera. Jamás un espectáculo comparable, espejo tan gigante de la ciencia, del alma y de la historia, fue ofrecido a la mirada y la inteligencia del hombre. Y esto bastaría para que el Estado tuviese la obligación de velar por su perpetuidad. La misa en una catedral (o iglesia) es una resurrección integral. (El anticlericalismo inspira grandes aberraciones.) Cuando todo esto haya desaparecido habrá alguien que dirá: entraban en la iglesia, ocupaban un lugar que podían conservar tras su muerte, desde el que podían seguir, como cuando vivían, el divino sacrificio. ¡Vosotros, gran democracia silenciosa, fieles obstinados en oír los oficios más bellos... ya no oiréis más la misa que teníais asegurada al entregar para la edificación de la iglesia la mejor de vuestras ofrendas!

La protección de las más bellas obras de arquitectura obliga al gobierno a garantizar que el culto se celebre perpetuamente... La misa en las catedrales (o iglesias) impone un deber al gobierno de subvencionar a la Iglesia católica para el mantenimiento de un culto que importa a la conservación del más noble arte. Persuadamos a todas las personas (incluidos anticlericales con buen gusto) de la obligación que incumbe al gobierno de subvencionar las ceremonias del culto.

Marcel Proust: *La muerte de las catedrales*, *Le Figaro*, 16 de agosto de 1904.

Y además...

El misterio de la Misa me gusta mucho, tiene una poética maravillosa, y creo en Dios. **Martín Chirino**, *La Vanguardia*, 04/02/2014.

Tiendo a creer cuando voy a Misa; pero apenas salgo, se me pasa. Así que ahora lo evito, porque el bajón es desagradable. Pero la Misa en sí misma es muy convincente; es una de las cosas más perfectas que conozco. **M. Houellebecq**, *El País*, 23/04/2015.

Tengo un bellísimo olivar. No puedo separarme de él. Jesús pasó sus últimas horas orando en un olivar. Busco cosas de las cuales todos dependemos. La gracia de Dios, la bondad, el destino. **Hans Werner Henze**, *El País*, 23/07/2009.

La muerte repentina y misteriosa de Erik Satie también me conmovió. Se volcó en la religión en los últimos anos de su vida y empezó a comulgar. Cuando lo vi una mañana después de asistir a misa, me dijo con su acostumbrado tono expositivo: "Bueno, ya he comulgado algo esta mañana". Enfermó de repente y murió poco después sin causar ningún alboroto. (**Stravinski**, *Memorias y comentarios*).

11. Una época caracterizada por la mentira

Nunca se mintió tanto como en nuestros días. Ni de una manera tan desvergonzada, sistemática y constante.

La mentira, mucho más que la risa, es lo que caracteriza al hombre.

Así pues, sostenemos que nunca se ha mentido tanto como en nuestra época y que jamás se mintió de manera tan masiva y total como en nuestros días.

Cantidades enormes de mentiras se vuelcan sobre el mundo... todo el progreso técnico está puesto al servicio de la mentira.

El hombre moderno está inmerso en la mentira, está sometido a la mentira en todos los momentos de su vida.

La mentira moderna se fabrica en masa y se dirige a la masa.

Hay un desprecio absoluto y total por la verdad.

Toda agrupación secreta, ya sea una agrupación para la acción, una secta o una conspiración es una agrupación con un secreto o incluso con secretos... a saber, tanto el secreto de su propia existencia como el de los fines de su acción.

Es verdad que Hitler anunció públicamente todo su programa de acción. Pero, justamente, lo hizo porque sabía que no sería creído por los "otros", que sus declaraciones no serían tomadas en serio por los no-iniciados; precisamente, estaba seguro de engañar y adormecer a sus adversarios diciéndoles la verdad. Tenemos aquí una vieja táctica maquiavélica de la mentira de segundo grado, técnica perversa como hay pocas, y donde la verdad misma se convierte en un puro y simple instrumento de decepción. Es indudable que esa "verdad" no tiene nada en común con la verdad.

¿»La aristocracia de la mentira»? Una elite de la mentira es, necesariamente, una elite mentirosa, una cacocracia y no una aristocracia.

La masa cree todo lo que le dicen. Con tal que se lo digan con bastante insistencia... más se mienta, y del modo más grosero, más intenso y brutal, mejor será la creencia y se dejarán guiar con más facilidad. La masa nunca se dará cuenta, la masa no tiene memoria, es radicalmente incapaz de percibir la verdad.

Alexandre Koyré: *Reflexiones sobre la mentira*. Traducción de Hugo Savino.

Un tratado de pseudología

Se ha filtrado el manual que aplican los distintos regímenes políticos, incluido el español, para hacer creer al pueblo falsedades saludables con vistas a un buen fin. Voy a resumir algunas de las reglas más importantes del citado manual. Es asombrosa la rigurosa aplicación que nuestro gobierno está haciendo del tratado.

El pueblo no tiene ningún derecho a la verdad política y solo el gobierno tiene el derecho a la mentira política.

La masa es crédula, miente y, por tanto, puede y debe ser engañada, siempre que sea por su bien.

Se necesita más arte para convencer al pueblo de una verdad saludable que para hacerle creer una falsedad saludable. Por eso, debe ser gobernado, por su propio bien, con la mentira.

Hay que tener en cuenta que --como todos mienten-- no es una dictadura lo que instauramos sino una comunidad democrática en la mentira, que es distinto.

Hay distintos tipos de mentiras: calumniosas, por aumento y por traslación. Ahora, eso si, todos los engaños deberán mantener una cierta proporción frente a la verdad.

Son muy útiles, bien empleadas, las mentiras que anuncian catástrofes para aterrorizar al pueblo.

Siempre hay que sustraer la mentira a cualquier posible verificación o refutación.

No se ha llegado a un consenso sobre quién miente mejor si la derecha o la izquierda.

La mentira debe ser calculada, sopesada, destilada y dosificada.

Hay que conferir a la mentira política la dignidad que le corresponde: debe ser elevada a la categoría de sistema.

Se creará una sociedad de mentirosos dedicada en exclusiva al engaño político. Esta sociedad estará compuesta por los jefes de todos los partidos; ninguna mentira podrá ser difundida sin su aprobación previa. Será la encargada de juzgar qué tipo de mentira debe usarse en cada momento. (*O sea, se arrogan el manejo exclusivo de la mentira.*)

La función transmisora de los crédulos e ingenuos o de los tontos útiles es indispensable: no hay nadie que propague una mentira mejor que el que se la cree.

Por supuesto hay que apartar a todo aquel del que se sospeche que puede ser sincero.

Lo ideal sería hacer de la mentira obligación para producir mentirosos imperturbables.

Lo más peligroso que nos puede pasar es que nos creamos nuestras propias mentiras (cita literal).

No debe olvidarse la definición escueta de mentira política: representar como falsos los objetos verdaderos y como verdaderos los falsos.

Las mentiras deben ser variadas, creíbles y no sobrepasar lo verosímil. Por eso, mucho cuidado con las mentiras para espantar e infundir terror, por un lado, y con las que animan y enardecen, por el otro.

Son muy importantes los *globos sonda* para comprobar la credulidad del pueblo difundiendo cosas inverosímiles.

Nuestros enemigos dirán que resulta imposible explicar la rapidez de transmisión de las mentiras sin suponer que varias personas de común acuerdo han soltado al mismo tiempo la misma mentira en distintos lugares. Lo mejor es ignorarlos. UNA MENTIRA SE CONTRARRESTA MEJOR CON OTRA MENTIRA QUE CON LA VERDAD. No olvidemos nunca que la mejor manera de destruir una mentira consiste en oponerle otra.

12. La ciencia tiene que ser consciente de sus propios límites

Un buen ejemplo es la historia de un médico que fue pisoteado por la élite científico-médica de la Europa de entonces porque descubrió algo que no aceptaba la nomenklatura.

Esta es la tristísima historia de F. I. Semmelweis, nacido en Budapest en 1818 y muerto en Viena en 1865.

Tuvo un grandísimo corazón y un gran genio para la medicina. Permanece, sin duda alguna, como el precursor clínico de la antisepsia, ya que los métodos preconizados por él para evitar la fiebre puerperal aún son, y siempre lo serán, oportunos. Su obra es eterna. Sin embargo, en su época fue completamente despreciada.

Hemos tratado de resaltar unas cuantas razones que puedan explicarnos un poco la extraordinaria hostilidad que sufrió. Pero todo no se explica con hechos, con ideas, con palabras. Existe, además, todo lo que se ignora y todo lo que jamás se sabrá.

Pasteur, con una luz más potente, aclararía, cincuenta años después, la verdad microbiana de manera irrefutable y total.

En cuanto a Semmelweis, parece como que su descubrimiento sobrepasó las fuerzas de su genio. Esta fue, quizá, la causa profunda de todas sus desgracias.

Párrafo final de SEMMELWEIS, portentoso relato de L. F. Céline. (Traducido por Juan García Hortelano.)

Un ejemplo cosmológico:

Anders Sandberg, Eric Drexler and Toby Ord: **Dissolving the Fermi Paradox.**
arXiv:1806.02404v1 [phisics.pop-ph] 6 Jun 2018

La paradoja de Fermi surge si combinamos una, *a priori*, alta y extremadamente segura probabilidad de civilizaciones en nuestra galaxia con la ausencia de evidencia de su existencia. Esta paradoja es el resultado de aplicar un modelo tipo Drake usando determinadas estimaciones para los parámetros involucrados en la ecuación. Estas estimaciones, sin embargo, implícitamente hacen afirmaciones sobre los procesos (especialmente aquellos relacionados con el origen de la vida) que son insostenibles dado el estado actual de nuestro conocimiento. Cuando tomamos en cuenta de un modo realista la incertidumbre, reemplazando las estimaciones teóricas por distribuciones de probabilidad que reflejan la comprensión científica actual, no encontramos razón para confiar en que la galaxia (o el universo observable) contenga otras civilizaciones, y, por lo tanto, ya no encontramos nuestras observaciones en conflicto con nuestras probabilidades previas. Hemos encontrado resultados cualitativamente similares a través de dos métodos diferentes: utilizar las evaluaciones de los autores del conocimiento científico actual sobre los parámetros clave, y usar las estimaciones divergentes de estos parámetros en la literatura de astrobiología como un indicador de la incertidumbre científica actual. Cuando actualizamos estos datos encontramos una probabilidad sustancial de que estamos solos en nuestra galaxia, y tal vez incluso en nuestro universo observable (53% -99.6% y 39% -85% respectivamente). "¿Dónde están?", Probablemente muy lejos, y muy posiblemente más allá del horizonte cosmológico y siempre inalcanzable.

En 1948 Einstein escribió un prólogo para el libro de Lincoln Barnett: **El universo y el doctor Einstein** en el que decía: *El libro de Lincoln Barnett es una importante contribución a la literatura de divulgación científica.* En la página 36 (FCE, 1957) de este libro se puede leer: *El experimento de Michelson-Morley enfrentó a los científicos a una embarazosa disyuntiva. Podían desechar la teoría del éter, que había explicado tantos fenómenos acerca de la electricidad, el magnetismo y la luz. O, si insistían en conservar el éter, tenían que desechar la venerable teoría copernicana de que la tierra se mueve. A muchos físicos les parecía más sencillo creer que la Tierra está en reposo, que creer que las ondas -luminosas y electromagnéticas- pudiesen existir sin un medio que las sustentara. Fue un serio dilema, que dividió la opinión científica durante un cuarto de siglo. Varias hipótesis nuevas fueron lanzadas y rechazadas. El experimento fue repetido por Morley y otros, y se llegó a la misma conclusión: la velocidad aparente de la Tierra a través del éter era cero.*

O sea, durante 25 años, ilustres científicos, estuvieron dispuestos a desechar la opinión de Copérnico y, por tanto, la de Galileo. ¿Qué habría pasado si esa opción hubiere sido aceptada? Hoy día hay muchos físicos, aunque parece que en minoría, que la prefieren. ¿Qué pasaría si acabaran siendo la mayoría? ¿Cómo reaccionaría el público a la noticia de que la tierra no se mueve?

¿Qué diría Aristóteles de esta investigación publicada en PNAS: *Constant mortality and fertility over age in Hydra?*

Ofrezco una traducción del resumen de la investigación

Cómo un organismo cambia con la edad y por qué el patrón de cambio difiere entre especies son preguntas que tienen a los biólogos intrigados desde Aristóteles. Los patrones de cambio pueden ser descritos por las trayectorias de las tasas de natalidad y mortalidad. Para los seres humanos y muchos otros mamíferos, la mortalidad aumenta y la fertilidad disminuye con la edad. Para otras especies, sin embargo, se ha observado una notable variedad de patrones. Aunque mortalidad y fecundidad son trayectorias más o menos constantes, los datos son problemáticos debido a los tamaños de las muestras. A continuación, presentamos evidencia convincente para la mortalidad y reproducción de la Hydra utilizando datos de estudios cuidadosos, a gran escala sobre 8 y con 2.256 individuos.

La senectud, el aumento de la mortalidad y disminución de la fertilidad con la edad después de la madurez, se pensaba que era inevitable para todas las especies multicelulares capaces de reproducción repetida. Datos teóricos recientes sugieren que la mortalidad y fecundidad pueden ir hacia arriba o hacia abajo, o se mantienen constantes con la edad, pero los datos son escasos y problemáticos. A continuación, presentamos evidencia convincente de tasas de muerte y reproducción constantes en Hydra, un metazoos basal, en una serie de experimentos con más de 3,9 millones de días de observaciones del individuo Hydra. Nuestros datos muestran que 2256 Hydra de dos especies estrechamente relacionadas en dos laboratorios en 12 cohortes, con la edad de cohortes que van de 0 a más de 41 años, tienen muy bajas tasas de mortalidad. Las tasas de fecundidad de Hydra no disminuyeron sistemáticamente con la edad. Esto pone en duda la universalidad de las teorías de la evolución del envejecimiento que postulan que todas las especies se deterioran con la edad después de la madurez. La historia de la vida de Hydra implica niveles de mantenimiento y reparación que son suficientes para evitar la acumulación de daños por lo menos durante décadas después de la madurez, mucho más tiempo que la expectativa de vida corta de Hydra en la naturaleza. Una alta proporción de células madre, una rápida y constante regeneración celular, pocos tipos de células, un plan de cuerpo simple, y el hecho de que la línea germinal no está segregada del soma son características de Hydra que puede hacer la no senectud factible.

Parece que no han encontrado signos de decrepitud en la Hydra en condiciones favorables de laboratorio. ¿Podremos hablar de eternidad de la Hydra? ¿Al menos, dicho en términos aristotélicos, de forma potencial?

Mary Higby Schweitzer (2007) publica en *Science* un artículo en el que da cuenta de un asombroso hallazgo: ha encontrado restos orgánicos en un fósil de dinosaurio, de una antigüedad estimada de 65.000.000 de años. Ella y su equipo reconocen que no saben explicar estos resultados. Este hecho sólo se puede explicar: (1) cambiando la datación temporal de los dinosaurios o (2) cambiando la teoría sobre la fosilización. Optan por intentar cambiar la teoría sobre la fosilización, cosa que no han conseguido, como es obvio.

Mark Hollis Armitage (2012) publica en *Acta histochemica* un artículo en el que afirma, también, haber encontrado restos orgánicos, más allá de toda duda razonable, en un fósil de dinosaurio. En el artículo no dice más. A sus alumnos, en cambio, les dice que la única forma de explicar estos datos es cambiar la datación de los dinosaurios, según una escala de miles en lugar de millones de años. Lo hace así, para evitar la "inquisición". Si declara lo que verdaderamente piensa no le publican el artículo.

Si MHS está en lo cierto sólo se trata de cambiar el "cinturón débil". Pero si MHA es el que está en lo cierto, habría que cambiar el cinturón fuerte protector tras el que se parapeta la ciencia actualmente vigente. A nadie se le escapa que eso significaría un cataclismo -cultural, social, político, religioso- de proporciones apocalípticas. 400 años perdidos y a empezar de nuevo.

¿Tejidos blandos en fósiles de 70.000.000 de años?

Una y otra vez, cada día, ciertas realidades nos pasan inadvertidas por nuestra "ceguera" a aceptar lo real e imposible.

1. *"Algunos elementos de las experiencias cercanas a la muerte (ECM), en concreto la conciencia lúcida y la percepción verificable durante el cese o el grave deterioro de la función cerebral, desafían los supuestos imperantes acerca de la relación entre la conciencia y el cerebro, los cuales consideran la conciencia como un mero producto de las funciones cerebrales"* (Van Lommel,

2007/20012, página 152). En el artículo publicado por van Lommel *et al.* en The Lancet, Vol 358, diciembre 15, 2001 puede verse un conjunto de resultados que desafían nuestras concepciones más dogmáticas.

2. J. Lorber describió el caso de un joven totalmente sano, con una titulación universitaria en matemáticas y un CI de 126, cuyo escáner cerebral reveló una grave hidrocefalia: el 95% de su cráneo estaba relleno de fluido cerebroespinal, y su córtex no tenía más de unos 2 milímetros de grosor, sin apenas tejido cerebral. El peso del cerebro restante se estimó en unos 100 gramos y sin embargo su función cerebral permaneció intacta. (Van Lommel, 2007/2012). Resultado tan inesperado llevó a R. Lewin ha publicar un artículo con un título muy provocador: *"Is your brain really necessary"*. (**Science**, 210 (1980), 1232-1234.)

3. Una niña de tres años sufrió la extirpación de su hemisferio izquierdo completo, a causa de una encefalitis crónica con epilepsia. Un año después de la operación la niña apenas mostraba secuelas: la parálisis unilateral casi había desaparecido y podía pensar con claridad. Actualmente se desarrolla con normalidad, es bilingüe, salta y corre y obtiene buenas notas en el colegio. (Van Lommel, 2007/2012, página 247.) Puede verse que el caso ha sido publicado en una revista de nivel superior: M. T. Acosta, P. Montañez y F. E. León Sarmiento, *"Half brain but not half function"*. The Lancet, 360 (2002), 643 y J. Borgstein y C. Grootendorst, *"Clinical picture: half a brain"*. The Lancet, 359 (2006), 473.

4. Un artículo publicado en **Nature** (M. A. Gilliver *et al.* 401 (1999), página 233) arroja pruebas de la resistencia a ciertos antibióticos por parte de variedades de bacterias alojadas en animales que viven en un estado salvaje en áreas extremadamente remotas. Lo que descarta cualquier contacto con el antibiótico en cuestión. Lo único que podemos suponer es que el ADN bacterial recibió información, a través del espacio no local, de variedades que habían desarrollado una resisten-

cia como resultado de un uso inadecuado en otro lugar. (Van Lommel, 2007/2012, página 332.)

5. Glóbulos blancos de los experimentos de Backster que fueron desplazados a 12-20 kilómetros de su propietario, o depositados en una jaula de Faraday (protegida de radiación electromagnética) reaccionaban cuando al sujeto se le mostraban imágenes con un fuerte componente emocional. Al mismo tiempo, Backster registró anomalías en la conductividad de la piel del sujeto y encontró pruebas de comunicación instantánea y no local entre su conciencia y sus glóbulos blancos. (Van Lommel, 2007/2012).

6. En Pearsall *et al.* (*Journal of near-death studies*, v.20, número 3 (2002), 191-206) se da cuenta de diez casos bien documentados de pacientes de trasplante de corazón, que experimentaron cambios emocionales y de comportamiento identificados más tarde por parientes del donante fallecido como parte de la personalidad de éste.(Van Lommel, 2007/2012).

7. Sheldrake, *The presence of de past*, habla de que si la reina se encuentra aislada de su colonia, pero con vida, todo continúa dentro de la normalidad, pero si la reina es asesinada lejos de su colonia, sobreviene el caos y todos los trabajos se detienen. La reina coordina a distancia, de un modo no local, todas las actividades de la colonia, creando y manteniendo una conciencia colectiva. (Van Lommel, 2007/2012, página 336.)

Estas anomalías desafían dos dogmas poderosamente asentados: la conciencia es un mero producto del cerebro y no hay influencias no locales. Es decir, violan presupuestos epistemológicos reduccionistas, mecanicistas y groseramente materialistas.

Si, además, tenemos en cuenta que los científicos actuales se resisten a aceptar la ***posibilidad de*** una forma de vida personal tras la muerte y otras posibilidades afines (E. J: Larson y L. Witham, "Leadind scientists still reject God". **Nature**, 394 (1998), página 313) no nos debe extrañar que estas anomalías no provoquen ningún cambio de paradigma, de momento.

En este apartado hemos comentado que: a) Bem (2011) ha constatado la verosimilitud de la causalidad retroactiva: el futuro puede causar el presente; b) hay constancia de gemelos que dan muestras de conocer detalles asombrosos de vidas pasadas; c) hay gente que puede vivir sin ingerir alimentos, simplemente, alimentándose de la luz; d) la telepatía ha sido sometida a un riguroso control experimental y e) las ECM son experimentadas por una proporción muy significativa de personas.

Experimentos que violan la flecha del tiempo

Daryl J. Bem (2011) llevó a cabo un conjunto de experimentos psicológicos que permiten pensar que la causalidad inversa (desde el futuro al presente) es una opción verosímil. Por ejemplo, el recuerdo de un determinado número de palabras puede estar "causado" por la práctica posterior... ¡al recuerdo! O, por ejemplo, adivinar en qué lugar está una determinada imagen erótica (derecha/izquierda) puede lograrse antes de que, efectivamente, la imagen haya sido colocada.

En un experimento *priming se* pide a los participantes que digan tan rápidamente como puedan si una imagen les resulta grata o ingrata. Y se mide su tiempo de respuesta (TR). Antes de que aparezca la imagen, se muestra –fugazmente-- una palabra positiva o negativa. Esta palabra es el *prime*. Respondemos (a la imagen) más rápidamente cuando la palabra es congruente con la imagen (ambas positivas o ambas negativas) que cuando es incongruente. Pues bien, Bem ha logrado demostrar que hay *priming* retroactivo. Es decir, cuando primero aparece la imagen y luego la palabra, también hay *priming*... ¡retroactivo! Las personas responden a la imagen en función del tipo de palabra que aparecerá después.

Es interesante señalar, que son las personas extravertidas las que, preferentemente, son capaces de un modo no consciente o deliberado, de mostrar esta extraña capacidad de violar la flecha del tiempo.

Este fenómeno tiene una difícil explicación. Precisamente porque viola de un modo radical nuestra concepción del tiempo. Pero como nos dejó dicho Spinoza, y a Vygotski le gustaba repetir: *nadie, en efecto, ha determinado por ahora qué puede el cuerpo, esto es, a nadie hasta ahora le ha enseñado la experiencia qué puede hacer el cuerpo por las solas leyes de la naturaleza, considerada como puramente corpórea, y qué no puede a menos que sea determinada por el alma.* **Ética**, tercera parte, proposición 2, escolio.

Si bien, lo normal es explicar el efecto en función de la causa, a *veces*, es preferible explicar lo que parece la causa en función de lo que parece el efecto. Lo difícil es precisar qué *veces* son estas *veces*.

Vivir de la energía luminosa

Se sabe que en la tradición mística cristiana se han dado muchos casos de personas que han vivido sin comer ni beber nada durante muchos años. De lo único que se alimentaban estos santos era del manjar eucarístico. Un caso excelso de este tipo fue narrado por el eminente pensador francés -íntimo amigo de Montini- Jean Guitton (1901-1998). Para un científico creyente esto no representa ningún problema pues lo coloca en la categoría de lo milagroso e inexplicable. Para el científico no creyente, simplemente, es algo irrelevante y ni se preocupa por tal fenómeno. Ahora bien, ¿qué pasa cuando se presentan pruebas -obtenidas bajo un estricto control metodológico y experimental- del hecho natural, ni paranormal ni sobrenatural, de que hay personas que pueden vivir sin comer ni beber nada durante años? Pues eso es lo que hace P. A. Straubinger, 2010, en su impresionante documental *Vivir de la luz.* (Este documental se puede ver en filmin al precio de

2 euros.) En este trabajo hablan personas (de la India, Alemania, Suiza, Austria, Rusia, China) que han logrado vivir, literalmente, de la luz. Los científicos ortodoxos (creyentes o no), anclados en el marco epistemológico (mayoritario y predominante) reduccionista, mecanicista y materialista no son capaces ni de admitirlo ni, *a fortiori,* de explicarlo. Los científicos que están intentando ampliar el marco conceptual vigente, como Rupert Sheldrake, por ejemplo, que habla en el documental, están más preparados para aceptar este hecho portentoso. Como tampoco tienen problemas de aceptación del fenómeno, los investigadores del grupo de Princeton (Jahn, Dunne, Dobyns, Nelson, Bradish, Bösch, Houykooper, entre otros), algunos de los cuales también exponen sus razones en la película, que han logrado demostrar, más allá de toda duda estadística razonable, la real influencia de la mente humana sobre dispositivos artificiales como máquinas, artilugios varios o computadores. ¿Entonces, qué? ¿Somos o no somos seres luminosos? ¿La luz nos alimenta porque estamos creados a partir de ella? Es muy divertido ver las caras que se les quedan a los científicos ortodoxos cuando el director les muestra las pruebas de algo que con su marco conceptual no pueden comprender. Particularmente, desconcertante para ellos es el caso del ciudadano hindú que lleva sus buenos 70 años sin comer ni beber y, por ende, sin defecar ni orinar. Le encerraron en el hospital, con dos cámaras expiándole continuamente y, efectivamente, no meó aunque las ecografías permitían ver que la orina estaba allí, pero, no se sabe cómo, su cuerpo la reabsorbía. Estos científicos cuando ven esto se descomponen. Hay otros, en cambio, que para no descomponerse, no han publicado los resultados obtenidos bajo su estricta vigilancia porque no se correspondían con sus ideas previas.

El viejo paradigma está caduco. Pero todavía intentará aguantar todo lo que pueda como *la estaca* de LL.LL. *Si estirem tots ella caurà...*

Sheldrake, ejemplo de científico no dogmático

Sheldrake presenta datos -obtenidos bajo un estricto control experimental- de la realidad de la telepatía. No como un fenómeno paranormal o sobrenatural sino como un hecho natural y cotidiano.

Pidió a 63 participantes que anticiparan quién de 4 posibles personas cercanas (familiares o amigos) les estaban llamando por teléfono. Si el porcentaje que cabe esperar por el mero azar es de 25% (1/4) él, obtuvo, en cambio, porcentajes del 40% (la significación estadística de este dato es abrumadora). Repitió la prueba con los 4 participantes más sensibles y volvió a obtener un porcentaje muy significativo (45%).

También ha controlado el efecto distancia. Con llamadas a Inglaterra procedentes de Nueva Zelanda, Australia o Sudáfrica, el porcentaje de aciertos -cuando las llamadas provienen de familiares muy cercanos- es del 60%.

En general, se puede decir que cuando las llamadas provienen de personas afectivamente muy próximas, el porcentaje de acierto es del 50% (cuando el porcentaje propio del azar sería del 25%). Mientras que cuando son de extraños no superarían el nivel del azar.

¿Pasará lo mismo con los envíos de correo electrónico? Parece que si. En un experimento en el que participaron 50 personas, el porcentaje de acierto fue del 43% (25% al nivel del azar). Los 5 que obtuvieron mejor tasa de aciertos, lograron en el retest un 47% de aciertos.

Sheldrake descarta que el fenómeno pueda explicarse por precognición. Cuando se hace el experimento pidiendo al participante que diga no quién llama, sino quién le va a llamar, las tasas de acierto están en el nivel del mero azar. (Artículo de R. Sheldrake aparecido en Journal of International Society of Life Information Science (ISLIS), volumen 32, número 1, marzo de 2014.)

Recapitulación

A mí me afectan mucho los pequeños detalles. Y llevo observando, últimamente, algunos pequeños detalles que me conturban poderosamente.

Es el caso del médico que tiene que hacer la autopsia de un cadáver -fallecido en un terrible atentado- y comprueba, aterrorizado, que la mujer tenía todos sus órganos vitales invadidos por el cáncer. Y no sabe si decirle a la familia que, aunque no hubiera fallecido en el atentado, lo hubiera hecho -con terribles dolores- en muy poco tiempo. O si, por el contrario, ocultar la información. A mí me parece un dilema mortal y cuando me lo contó me estremecí.

O el caso del científico que está a punto de resolver un problema de una envergadura histórica, al que ha dedicado 30 o 40 años, pero le falta un pequeño detalle con el que él sólo no puede. Y sabe, positivamente, que en cuanto comunique sus decisivos y geniales pero insuficientes avances, tiburones al acecho en las redacciones de las mejores revistas científicas, se los robarán. Y le despojarán sin escrúpulos de su trabajo.

Y qué decir del abnegado sacerdote de una parroquia de uno de los arrabales de cualquiera periferia, que sabe que las experiencias sobrenaturales que la vidente comunica, son un fraude mayúsculo pero mucha gente la cree y al creerla se producen milagrosas curaciones, poderosas transformaciones...

Pero también en el campo de las ciencias experimentales, en este caso, de la química me entero de hechos sorprendentes: por ejemplo, he leído un estudio histórico sobre la tabla periódica de los elementos. El autor -enormemente versado en el tema- da a entender, que no hay una tabla óptima con la que todos los teóricos estén de acuerdo. Por el contrario, hay muchas posibles y diferentes tablas periódicas. Y, sobre todo, no están de acuerdo en lo principal, a saber: si la tabla es un descubrimiento o si es una construcción de la mente humana.

Parece ser que nunca habrá una tabla óptima y perfecta. (Hay detalles indecidibles.)

También he leído un artículo de física donde los autores muestran -matemáticamente- que tanto el modelo heliocéntrico cuanto el de Ticho Brahe predicen y explican igualmente bien el paralaje estelar. Ya sé que desde 1931 se conocen proposiciones formalmente indecidibles, pero en el campo de la lógica, de las matemáticas y de la metamatemática. ¿Nos estaremos acercando al conocimiento -y establecimiento- de proposiciones indecidibles en el campo de los hechos empíricos también? Sería un cambio como no lo ha conocido la historia del conocimiento hasta el momento. Por no hablar de ese Nobel de economía francés -pero aficionado a la astronomía- que descubrió un efecto sobre el péndulo de Foucault durante un eclipse solar que todavía no ha podido ser explicado. Aquí el detalle está en que a un economista -que como tal alcanzará la gloria- se le ocurriera indagar en los efectos de los eclipses solares sobre los péndulos. ¿No es asombroso?

Por otra parte veo que la resistencia de la burocracia científica a la aceptación de hechos para los que no hay posible explicación está decayendo. Es el caso de las experiencias cercanas a la muerte. Ya me resultó casi milagroso que *The Lancet* aceptara publicar la investigación de van Lommel sin censuras previas. Pero es que ahora me entero de que la revista científica PNAS ha publicado un artículo sobre experiencias cercanas a la muerte, pero en ratas de laboratorio. (No lo he podido leer y sólo conozco el *abstract.*) Eso supone que el establecimiento científico acepta el hecho repetidamente verificado de experiencias mentales en ausencia de actividad cerebral. Y eso es lo raro: la mente humana rechaza todo aquello que no puede asimilar, explicar o enmarcar. Por primera vez se estaría produciendo el fenómeno contrario: aceptar algo para lo que no se tiene una explicación. Lo considero un pequeño detalle de proporciones imprevisibles.

Todo ello se mezcla con experiencias personales y subjetivas. Volver a Mallorca, pongamos, después de más de 30 años y encontrar pequeños pero sutiles cambios en los lugares secretos, amorosamente custodiados en la memoria y que sólo comunicas a quien quieres. Un Puig, una cueva sagrada, un pequeño museo, una determinada cafetería en un determinado paseo, una cala prohibida para los turistas, una calle escondida, un santuario, un sendero de pinos o un determinad atardecer... Otra cosa que me maravilla es que después de haberse publicado tantos libros sobre los campos de concentración y sobre el *gulag* toda siga igual. Ya nadie puede alegar ignorancia. Me asombra el poco -o ningún- asombro que produce. Pero si ahí está concentrado todo el mal posible. Si eso es, precisamente, lo que hay que redimir. Sobre lo que hay que pensar y meditar para convertirlo en el centro vital de toda Política.

Y vuelvo a leer después de veintitantos años *Las Confesiones* de Agustín de Hipona y vuelvo a encontrarlas arrebatadoras. Es un estricto contemporáneo nuestro. Nos podríamos entender perfectamente con él. Bueno, si no todos, al menos, los que somos sensibles a los aspectos o los que consideramos que en los pequeños detalles está la salvación.

Inseguridades seguras

- No se podrá enseñar a un chimpancé a hacer –o a hacerse– preguntas.
- Ningún dispositivo artificial inteligente alcanzará conciencia o autoconciencia.
- El futuro siempre será impredecible.
- Jamás podrán armonizarse –sociopolíticamente– libertad e igualdad.
- Siempre habrá alguna nueva enfermedad –no conocida previamente– y nunca nadie será inmortal.

- Nunca contactaremos con una especie análoga a la nuestra en el universo y nunca sabremos si existe o si no existe tal cosa.
- Nunca rebasaremos los límites del lenguaje natural. Nunca habrá una teoría definitiva sobre el lenguaje.
- Nunca podremos salir de este universo y observarlo como un objeto independiente.
- Nunca sabremos –exactamente– cómo fue el proceso de hominización. Nunca habrá una teoría definitiva a este respecto.
- La teoría de Darwin será superada por otra de mayor poder explicativo, y así sucesivamente, pero ninguna acabará siendo la definitiva. Siempre quedará un residuo significativo sin explicar, lo que dará lugar a nuevas teorías.
- Nunca habrá una teoría del Todo en física. Aunque el viaje en el tiempo es posible teóricamente, en la práctica, en cambio, es y será imposible.
- Nunca habrá una teoría definitiva sobre las relaciones entre mente y materia. Es un problema filosófico perpetuo.
- Nunca habrá una teoría unificada, al modo de la física, la química o la biología. Siempre habrá varias en disputa.
- La hipótesis del continuo nunca tendrá una respuesta definitiva y aparecerán nuevos axiomas independientes. Aparecerán nuevas proposiciones indecidibles. Se encontrarán conjeturas ligadas entre sí que harán imposible su demostración.
- Cualquiera que sea el progreso científico, la ciencia no responderá a las preguntas últimas y éstas jamás tendrán una respuesta definitiva.
- La humanidad siempre transgredirá las normas morales vigentes y no habrá ninguna transgresión que no sea intentada (¿y realizada?).

- Nunca conoceremos el destino final de la humanidad.
- Siempre habrá límites infranqueables en todas las ramas del conocimiento. Está asegurada la insatisfacción permanente, por tanto. Y la búsqueda continua.
- Nunca sabremos por qué existe el universo y nunca sabremos de dónde salen las leyes que lo gobiernan.
- Todos los experimentos que los "científicos" de la vida puedan hacer, acabarán haciéndolos. Ningún escrúpulo moral les detendrá.
- La mentira nunca desaparecerá de la conducta individual ni de la vida social.
- Cada vez habrá una mayor manipulación de la masa por parte de las élites de poder hasta que se llegue a una sociedad de masas "ilustrada". (Proceso en el que actualmente estamos.)
- El verdadero gobierno de la humanidad –y sus luchas y rivalidades intestinas entre las facciones rivales– cada vez más opaco, cada vez más blindado, cada vez más interior en lo más interior de los estados, será –cada vez- más difícil de conocer.

Este libro se publicó
en el mes de marzo
del año 2025